Montoire-sur-le Loir
L'ombre d'une poignée de mains

Le Code de la propriété intellectuelle et artistique n'autorisant, aux termes des alinéas 2 et 3 de l'article L.122-5, d'une part, que les « copies ou reproductions strictement réservées à l'usage privé du copiste et non destinées à une utilisation collective » et, d'autre part, que les analyses et les courtes citations dans un but d'exemple et d'illustration, « toute représentation ou reproduction intégrale, ou partielle, faite sans le consentement de l'auteur ou de ses ayants droit ou ayants cause, est illicite » (alinéa 1er de l'article L. 122-4). Cette représentation ou reproduction, par quelque procédé que ce soit, constituerait donc une contrefaçon sanctionnée par les articles 425 et suivants du Code pénal.

©2022 Séverine FRAISSE
Impression : BoD – Books on Demand, Norderstedt, Allemagne

ISBN : 978-2-9578-8980-8
Dépôt légal : juin 2022

A mon grand-père,

PREFACE

Après une réunion préparatoire avec la venue de Pierre Laval le 22 octobre 1940, la rencontre et la poignée de mains entre Pétain et Hitler eurent lieu le 24 octobre à Montoire-sur-le Loir. Cet entretien eut une conséquence importante dans le déroulement de la guerre, épisode de la guerre 39/45 fort bien retracé dans ce livre. Là, fut organisé une collaboration franco-allemande qui fit naître les "Collabos".

L'autre conséquence néfaste fut pour la petite ville de Montoire qui s'était vue qualifiée, comme Vichy, de pestiférée. Les évènements qui en découlèrent, firent que cette rencontre devait être tue comme si Montoire avait été fautive.

C'est seulement soixante ans après, la dure réalité du passé s'estompant, que vint l'idée de transformer la gare en Musée ouvert en 2003 : une belle et courageuse initiative au profit des férus d'Histoire et une pierre à l'édifice du souvenir qu'il est indispensable d'entretenir.

Un évènement qui contraint, aujourd'hui encore, les Montoiriens à faire attention à l'utilisation du mot « collaboration » qui a pourtant une très belle définition... quand il est employé à bon escient.

Guy MOYER,
Maire de Montoire-sur-le Loir de 2014 à 2020.

PARTIE 1 :

MONTOIRE :
UNE VILLE, UNE GARE, UNE GUERRE

A la découverte de Montoire-sur-le Loir

Montoire, petite ville du Vendômois :

Le nom de Montoire viendrait de Mont d'Orius (coteau sur lequel est construit le château), transformé en Montorius puis Montoire.

« *D'argent à un lambel à six pendants de sable* ». Le blason de la ville apparaît pour la première fois en 1215 sur le sceau Jean Ier de Montoire.
Annexe 1 (ci-contre): le blason de la ville de Montoire

L'origine du bourg de Montoire remonte à l'époque mérovingienne, lorsque les abbés de Saint Calais, ayant décidé de construire de nouveaux prieurés, à une journée de marche de leur maison, fondèrent celui de Montoire. Le poète Pierre de Ronsard en devint le prieur entre 1566 et 1585.

Au cours du Xe siècle, il est fait mention du premier seigneur de Montoire, nommé Bouchard Ratepilate.

Au XIe siècle, Nihard, un forestier représentant le seigneur de Vendôme, se fit reconnaître baron de Montoire avant d'en devenir officiellement le cinquième seigneur en 1033. A la fin du XIIeme siècle, Jean V, comte de Vendôme, divisa son comté en deux parties:

- le Haut Vendômois qui conserva Vendôme comme capitale.

- le Bas Vendômois qui eut Montoire comme capitale dont le choix fut essentiellement affectif car la famille de Jean V en était originaire. Le Vendômois fut donc un comté puis un duché avant d'entrer dans la famille royale. Dès lors, les rois de France portèrent le titre de «seigneur de Montoire». En 1790, la commune devint chef-lieu de canton et coula des jours paisibles jusqu'au premier conflit franco-prussien en 1870 où certaines infrastructures furent détruites. Ce fut le cas du pont de pierre qui enjambait le Loir, détruit afin de ralentir la progression des Prussiens qui se dirigeaient vers Tours.

Au XIXe siècle, avec la Révolution industrielle, la ville accueillit le chemin de fer, se dota d'une usine à gaz...

Au XXeme siècle, le premier conflit mondial y fit, comme partout ailleurs, nombre de morts parmi ses jeunes hommes, mais c'est véritablement en 1940, le 24 octobre, que Montoire entra dans l'Histoire, avec la rencontre, en sa gare, de Pétain et d'Hitler.

Bref historique de la gare de Montoire :

En 1940, deux lignes ferroviaires se rejoignaient à la gare de Montoire. Quand l'Etat racheta le réseau de l'Ouest, en faillite, il décida de réaliser la ligne Pont-de-Braye/Vendôme/Blois, inaugurée en novembre 1881. Pour la créer, plusieurs années de gros travaux furent nécessaires, requérant l'ouverture de nombreuses carrières, notamment à Montoire dans les secteurs de la rue du Général Leclerc et celui de l'Hospitalet.

La ligne Nord/Sud avait pour objectif de relier la capitale aux lignes de Touraine et du Poitou. Elle fut construite progressivement, en trois étapes, entre 1893 et 1894 et desservait le Bas-Vendômois et l'Indre-et-Loire, de Sargé-sur-Braye à Vouvray (près de Tours).

Après-guerre, le trafic voyageur prit de l'importance jusque dans les années 1930, notamment les jours de marché. Cela s'expliquait par le faible nombre de voitures et de camions. On rajoutait aux trains de voyageurs un wagon-marchandise, utilisé pour les colis légers et les bicyclettes, et occasionnellement un wagon postal.

Quant aux trains de marchandises, ils pouvaient transporter différentes cargaisons: bois, charbon, engrais, outillage agricole, bestiaux (en direction des abattoirs de la Villette); le vin (régional) se transportait dans des wagons-citernes.

Toute cette activité fit de la gare un quartier animé, surtout le dimanche, car les arrivées et départs de ces machines à vapeur suscitaient la curiosité et l'émerveillement. Ces monstres fascinaient, tant par leurs rugissements que par l'épaisse fumée qui en émanait.

Dans les années 1930, l'industrie automobile se développa au détriment du réseau ferroviaire: le nombre de trains de voyageurs diminua si fortement que fut décidée la fermeture des deux lignes pendant l'hiver 1938. Des autocars remplacèrent alors le train: ils reliaient Blois et Pont de Braye via Vendôme et Montoire.

La gare de voyageurs fut de nouveau ouverte en 1939, pendant quelques mois, la Seconde Guerre mondiale provoquant un nouvel arrêt en juin 1940.

Aujourd'hui, il ne circule plus que des trains de marchandises de la zone industrielle et des céréales du silo, sur le tronçon Montoire-Vendôme, utilisant ainsi la dernière voie restante.

Le Train Touristique de la Vallée du Loir emprunte aussi cette ligne, de Thoré-la Rochette jusqu'à Trôo et propose une découverte du Vendômois au cours d'une agréable balade d'environ 2h30. L'association du Train Touristique possède la section Montoire-Trôo que les bénévoles entretiennent régulièrement.

Annexe 2 : Train Touristique sillonnant la vallée du Loir
©Crédits photos Séverine Fraisse.

Annexe 3 : L'avenue de la gare au début du XXe siècle.
Collection privée.

Annexe 4 : Les quais de la gare au début du XXe siècle.
Collection privée.

D'une guerre mondiale à l'autre

La Première Guerre mondiale :

Le 28 juin 1914, l'archiduc François-Ferdinand d'Autriche était assassiné par un nationaliste bosniaque. Aussitôt, l'engrenage implacable du jeu des alliances s'enclenchait, et, le 3 août, l'Allemagne déclarait la guerre à la France. L'Europe s'embrasait. Débutait alors un conflit mondial qui allait quatre longues années.

Après l'annonce de l'abdication de Guillaume II, dernier empereur allemand, l'armistice, signé le 11 novembre 1918, mettait fin à l'effroyable tuerie. En janvier 1919 s'ouvrait la Conférence de la Paix, sous l'égide des Quatre Grands (Wilson, Lloyd Georges, Clémenceau et Orlando) sans qu'aucun représentant des pays vaincus n'y ait été convié. En mai, l'Allemagne se voyait remettre des conditions de paix, non négociables. Dès lors, le traité de Versailles, signé le 28 juin 1919, ne pouvait qu'être perçu comme un « diktat » humiliant par la population allemande. D'autant que l'Allemagne était contrainte à payer un lourd tribut à la France pour les réparations et les dommages de guerre causés aux populations civiles. En outre, à la demande de la France et de l'Italie, la Rhénanie était démilitarisée et divisée en trois zones occupées par les troupes alliées. Enfin et surtout, les vainqueurs redessinaient l'est du territoire allemand, le morcelant et l'amputant considérablement...

Suite au krach boursier de Wall Street en 1929, l'Allemagne plongeait alors dans une très grave crise économique, l'inflation et le chômage atteignant des niveaux vertigineux. Dans ce sombre et lourd contexte, la jeune République de Weimar peinait à s'imposer et à redresser le pays.

Pétain, de Verdun à Vichy :

Simple colonel proche de la retraite en 1914, Pétain vit sa carrière relancée par la déclaration de guerre. Nommé général de brigade (deux étoiles) au début du conflit, un avancement rapide lui permit bientôt de devenir général d'armée (cinq armées) en 1915. Il s'attacha à épargner les vies de ses soldats, améliorant par ailleurs leurs conditions d'existence, et organisa la «Voie sacrée». La victoire de Verdun fut pour lui une consécration: il accéda à la dignité de Maréchal* de France quelques jours après la signature de l'armistice du 11 novembre 1918.

Au début des années vingt, il participa à la guerre du Rif au Maroc, avant d'être nommé ministre de la guerre en 1934 puis ambassadeur auprès de Franco en 1939. Alors qu'au terme du premier conflit mondial il était en âge de prendre sa retraite, et tandis qu'en Europe se profilait le péril d'une autre guerre, Pétain entendait bien agir encore, dans un cadre politico-militaire, attendant patiemment son heure.

*LE SAVIEZ-VOUS ? *
Le Maréchalat n'est pas un grade mais une distinction qui s'obtient lors d'une victoire en temps de guerre. Il faut donc atteindre le plus haut grade de commandement, c'est-à-dire général d'armée pour l'armée de terre (cinq étoiles) et se distinguer au cours d'une bataille. C'est à ce moment que le maréchalat peut être décerné.*

19

Annexes 5 et 6 : borne située à Vendôme, avenue de Verdun. Elle symbolise la Voie Sacrée via laquelle furent transportés hommes et matériels militaires sur le front. ©Crédits photos Séverine FRAISSE.

Pierre Laval, un homme aux multiples facettes :

Issue d'une famille modeste de la paysannerie auvergnate, il obtint deux licences (dont une en droit) et s'inscrivit au barreau de Paris. A la fois avocat et conseiller juridique, il se spécialisa dans la défense des organisations syndicalistes. Adhérent aux idées d'extrême gauche, il débuta sa carrière politique en se faisant élire député socialiste d'Aubervilliers puis maire de cette même ville.

Son profond anticommunisme le fit basculer de plus en plus vers l'extrême droite. Grâce à d'habiles manœuvres, il se constitua une fortune conséquente et réussit ainsi une ascension politique fulgurante. Dès 1925, il devint plusieurs fois ministres dans les ministères des Travaux Publics, des Affaires Etrangères et de la Justice. Dans le cadre de l'aménagement des dédommagements payés par la République de Weimar, Laval, alors président du conseil, se rendit en Allemagne: les Allemands accueillirent chaleureusement cette première visite d'un dignitaire français. En 1935, Laval tenta de maintenir la paix en Europe face à la menace hitlérienne en se rapprochant de Mussolini et de Staline avec lesquels il signa deux traités: le traité de Rome et un traité d'assistance mutuelle avec l'URSS. Peu de temps après, le Duce rompit l'accord.

Suite à l'échec de la politique italienne, le président du conseil fut écarté du pouvoir jusqu'en 1939. Se déclarant pacifiste, dans la veine d'Aristide Briand, Laval s'opposa à l'entrée en guerre de la France et envisagea un gouvernement Pétain en vue d'obtenir la paix avec le Reich via l'Italie. La défaite de mai-juin 1940 et l'exode permirent à Laval de revenir dans le monde politique. Rejoignant le gouvernement à Bordeaux le 15 juin, il se montra très favorable à l'armistice.

Hitler, le caporal devenu dictateur :

Dès août 1914, Hitler se portait volontaire pour servir dans l'armée impériale allemande*, intégrant le 16e régiment d'infanterie bavaroise de réserve. Employé comme estafette, il assurait la liaison entre le quartier général du régiment et le front. Blessé, puis frappé de cécité après une attaque au gaz (octobre 1918), c'est sur son lit d'hôpital qu'il apprit la capitulation de l'armée allemande. A la fin de la guerre, il reçut la croix de fer première classe**, fait plutôt rare pour un caporal, grade qu'il n'avait pas dépassé car – ironie de l'Histoire - ses supérieurs estimaient qu'il ne possédait pas les compétences d'un chef.

En 1919, l'armée le recruta comme agent de propagande, le chargeant notamment d'assister à une réunion du Deutsche Arbeiter Partei (le DAP), un groupuscule qu'elle considérait comme extrémiste et entendait surveiller. Au cours d'un débat, Hitler prit la parole et impressionna son auditoire, au point que le

LE SAVIEZ-VOUS ?*
Né autrichien, Hitler s'installa à Munich en 1913 pour échapper au service militaire dans l'armée austro-hongroise.

LE SAVIEZ-VOUS ?**
La croix de fer 1ère classe était la seule distinction qu'Hitler portait régulièrement sur ses uniformes.

chef du parti lui proposa d'y adhérer.

Démobilisé en 1920, il se consacra dès lors exclusivement à la politique. Il développa un programme en vingt-cinq points, base du futur parti nazi: le DAP devint bientôt le NSDAP (Nazionalsocialistische Deutsche Arbeiter Partei). Dans ses discours, ses sujets de prédilection restaient la dénonciation vigoureuse de l'ennemi de l'extérieur le Diktat de Versailles, et celle de l'ennemi intérieur, les Juifs responsables, selon lui, de la crise économique, et œuvrant à la destruction de la nation allemande.

Après le putsch raté de Munich en 1923, Hitler passa huit mois en prison (au lieu des cinq ans prévus par sa condamnation), s'y employant à rédiger son livre Mein Kampf, posant ainsi les fondements du futur régime nazi.

L'hyperinflation de 1923 et le krach boursier de Wall Street en1929 donnèrent de forts arguments à Hitler qui put, à force de discours, développer son électorat. Le NSDAP obtint la majorité aux élections législatives de novembre 1932, entrainant ainsi la nomination d'Hitler au poste de chancelier en janvier 1933. Il fit alors voter une loi où les pouvoirs de président et de chancelier se cumuleraient dans les mains d'un seul homme. A la mort du Président Hindenburg en 1934, Hitler obtint alors les pleins pouvoirs et devint le maître de l'Allemagne.

Dès lors, Hitler entreprit de rendre à sa nation sa fierté et sa grandeur. Il s'efforça de juguler la crise par la militarisation du pays, avec la perspective d'une récupération des provinces confisquées à l'Allemagne par le traité de Versailles.

En outre, dans une vision pangermaniste, il entendait rassembler l'ensemble des peuples d'origine germanique au sein d'un Grand Reich allemand, autosuffisant après la conquête d'un espace vital (le Lebensraum) lui assurant les matières premières nécessaires. Sa stratégie : faire une guerre rapide et éviter la multiplication des fronts. Pour cela, il signa avec l'URSS, en août 1939, le pacte germano-soviétique de non-agression. Il ne s'agissait en fait pour Hitler que de temporiser à l'est, pendant qu'il attaquerait à l'ouest.

Tandis que les deux pays s'engageaient mutuellement à ne pas se faire la guerre, il préparait déjà en secret l'offensive contre la Russie pour le printemps 1941.

La Seconde Guerre mondiale

Le 1er septembre 1939, l'Allemagne attaquait la Pologne. Ses alliées, la France et l'Angleterre, déclaraient alors la guerre à l'attaquant. Rapidement, les troupes allemandes bousculaient la défense polonaise. Les Polonais attendirent le renfort actif de la puissance militaire française. En vain.

Hitler appliquait là, pour la première fois, le concept de la Blitzkrieg, stratégie militaire associant la puissance des blindés à la vitesse d'intervention des avions. Une combinaison redoutable : en deux semaines, l'armée polonaise, désorganisée, se repliait autour de Varsovie. L'attaque de l'URSS (secrètement décidée lors du pacte germano-soviétique) précipitait la défaite de l'armée polonaise qui capitulait le 28 septembre 1939. Les élites polonaises étaient aussitôt décimées.

La passivité de la France incita Hitler à lui proposer, en octobre, des pourparlers de paix. Ils furent aussitôt rejetés par le gouvernement français persuadé que, grâce à la ligne Maginot*, réputée imprenable, sa capacité défensive lui assurerait la victoire. Commençait alors la «Drôle de guerre»**. Environ trois millions de soldats furent postés sur la frontière. De longs mois d'inactivité finirent par les démoraliser et les démotiver. Pour tenter de se distraire, ils lisaient, jouaient, écoutaient à la radio des émissions de divertissement ou recevaient la visite d'artistes tels Edith Piaf, Joséphine Baker ou Charles Trénet. Certains, à la façon des Poilus de 14-18, s'adonnaient à l'artisanat de guerre, travaillant à la fabrication d'objets souvenirs.

*LE SAVIEZ-VOUS ?**
La ligne Maginot doit son nom à André Maginot, ministre de la guerre (1929-1932) à l'origine du projet.

*LE SAVIEZ-VOUS ?****
C'est Roland Dorgelès qui popularisa l'expression « drôle de guerre » dans un article de journal, en faisant, semble-t-il, une confusion entre phoney war (la guerre « bidon ») utilisé par la presse britannique et funny war (funny signifie drôle).

Annexe 7 : artisant de guerre:
L'inscription «Verdun» rend hommage aux poilus de 14-18.
Accolée, la date 1940 renvoie à l'année de fabrication du poignard.
Collection privée.
©Crédits photos Séverine FRAISSE

Le 10 mai 1940, Hitler passait à l'offensive. Contournant la ligne Maginot, il lançait sa Blitzkrieg à travers les Ardennes, prétendument infranchissables. Mal commandées, les troupes françaises furent rapidement débordées. Même si certaines d'entre elles, acculées à la mer devant Dunkerque, parvenaient à échapper à la capture grâce à l'intervention d'une flottille britannique, militaire et civile, l'effondrement militaire de la France fut total, avec un nombre considérable de prisonniers. Il est vrai aussi que, dans le même temps, un exode sans précédent avait jeté sur les routes du pays des milliers de personnes, gênant grandement la remontée des troupes françaises vers le nord.

Le gouvernement quitta Paris pour Bordeaux. Après la démission de Paul Reynaud (Président du Conseil depuis mars 1940), le gouvernement français confia en juin le pouvoir à Pétain. Ce dernier demanda immédiatement l'armistice, signé le 22 juin 1940 à Rethondes, sur le lieu même de la signature de l'armistice de 1918 et dans des conditions similaires.

La confusion entre Rethondes et Montoire

Avant même la demande d'armistice, dès le 20 mai 1940, Hitler avait pensé à une mise en scène humiliante pour la France. C'est ainsi qu'il exigea qu'il fût ratifié à Compiègne dans la clairière de Rethondes, c'est-à-dire à l'endroit précis où avait été signé celui de 1918, et dans le même wagon, ayant appartenu à Foch. Exposé dès 1927 dans un musée construit dans cette clairière, il en fut extrait par les Nazis en 1940. L'organisation Todt détruisit une partie du bâtiment afin de déloger le wagon.

Il ne faut donc pas confondre le wagon de l'armistice (celui de Foch : une voiture isolée) avec celui de l'entrevue de Montoire (la voiture-salon personnelle d'Hitler, intégrée à son train particulier). Une confusion naturelle et récurrente puisqu'il s'agit à deux reprises d'entretiens entre vainqueur et vaincu dans un wagon. Ces deux événements, bien distincts dans le temps et l'espace, ne conduisent pas aux mêmes conséquences : Rethondes impose des conditions de vaincu à la France, Montoire annonce les prémices de la collaboration avec l'Allemagne nazie.

L'armistice* comportait vingt-quatre articles parmi lesquels:

- Article 2: la France était découpée en différents secteurs: une zone réservée, une zone côtière interdite, une zone nord occupée et une zone sud dite libre ou non-occupée**: ces deux dernières étaient séparées par une ligne de démarcation.

- Article 4: l'armée française était démobilisée et désarmée, en particulier les avions et les navires.

- Article 8: hormis la flotte nécessaire au maintien de l'ordre dans les colonies, la flotte française devait être rassemblée dans les ports définis par les Allemands pour y être désarmée. Ces derniers s'engageaient à ne pas l'utiliser à des fins personnelles.

- Article 18: la France devait payer des frais d'occupation, fixés ultérieurement***.

- Article 20: les prisonniers français (parmi les 1,8 million de captifs, environ 1,6 million furent envoyés en Allemagne) étaient considérés comme des otages par le Reich.

Le 10 juillet 1940, le vote (à la majorité) de l'Acte Unique donna les pleins pouvoirs à Pétain: le Régime de Vichy naissait. La IIIe République avait vécu, désormais remplacée par l'Etat Français, avec une nouvelle devise «Travail, Famille, Patrie».

Les notions de Liberté, Egalité et Fraternité furent mises à mal par ce nouvel état autoritaire. Restriction de liberté: la ligne de démarcation empêchait tout citoyen français de circuler librement entre les deux zones; la presse devait

*LE SAVIEZ-VOUS ?**
La France et la Grande-Bretagne ne devaient pas signer de paix séparée, suite à l'engagement du 28 mars 1940. La signature de l'armistice compliqua, dès lors, les relations franco-britanniques, l'armistice étant un premier pas vers la paix.

*LE SAVIEZ-VOUS ?****
La zone non-occupée était surnommée « la zone Nono ».

*LE SAVIEZ-VOUS ?*****
Les frais d'occupation varièrent au cours de la guerre, en fonction des besoins du IIIe Reich.

se soumettre aux organismes de censure... L'égalité fut récusée par une mise à l'écart d'une partie de la population: dès le 4 octobre 1940, Pétain promulguait le premier statut des Juifs, les excluant de nombreuses fonctions: on assista alors à une certaine «épuration» de l'administration... Quant à la fraternité, elle ne résista pas longtemps aux pénuries. Certains n'hésitèrent pas à profiter des conditions de vie difficiles pour s'enrichir, au détriment de l'entraide et de la solidarité, en organisant des marchés parallèles, tel le marché noir, sur lequel on pouvait acheter au prix fort, des marchandises que l'on trouvait difficilement ailleurs (viande, produits laitiers, charbon...).

PARTIE 2 :

MONTOIRE ENTRE DANS L'HISTOIRE

Du choix aux préparatifs : les prémices d'une singulière rencontre :

Peu de gens le savent : Montoire accueillit, non pas une, mais deux entrevues, minutieusement préparées par les Allemands. Par deux fois, en effet, Hitler s'y arrêta. D'abord le mardi 22 octobre 1940 afin d'y rencontrer Pierre Laval, vice-président du Conseil, puis deux jours plus tard le 24 octobre pour s'entretenir avec Pétain. C'est évidemment cette seconde entrevue qui est restée dans les mémoires.

Le contenu des discussions n'est pas connu avec certitude. Une seule des personnes présentes a pris des notes et laissé un compte-rendu écrit : le docteur Paul-Otto Schmidt, interprète officiel du Reich.

Paul-Otto Schmidt ou le problème d'une source :

En tant qu'interprète officiel du Reich, Paul-Otto Schmidt assista aux deux entrevues de Montoire. Seul habilité à prendre des notes, il allait rédiger, à l'issue de l'entrevue, un procès-verbal, rendu public dix ans plus tard, avec la parution de ses mémoires. Cependant, un problème se pose. Il existe des différences entre le compte-rendu officiel et les mémoires de Schmidt. De plus, son manque d'objectivité est flagrant, ne serait-ce que par le choix des adjectifs utilisés pour qualifier le régime nazi. Il s'agit donc d'une source à prendre avec prudence. Unique et peu fiable, elle ne constitue pas une base suffisante pour authentifier le contenu exact de l'entretien. Le descriptif des entrevues, basé à la fois sur le compte-rendu et sur ses mémoires, reste donc sujet à caution.

Se rencontrer oui, mais pour quoi ?

Du fait de l'Occupation, un rendez-vous entre Hitler et Pétain semblait inéluctable : le vainqueur et le vaincu devaient tôt ou tard se rencontrer.

Dès l'été 40, le chef de l'Etat Français prit contact avec le Führer via une lettre transmise à Göring dans laquelle il y présentait diverses requêtes, entre autres le retour des prisonniers de guerre et un assouplissement de la ligne de démarcation…

Hitler fit la sourde oreille, occupé qu'il était alors à planifier ses plans d'attaques contre les Britanniques. Les revendications françaises pouvaient attendre. Mais après l'échec de l'opération Seelöwe («opération Otarie»: nom de code pour le débarquement en Angleterre), il envisagea d'obtenir l'appui de la France. D'autant que l'ambassadeur allemand à Paris, Otto Abetz, ne cessait de tenir d'élogieux propos sur Laval avec lequel il entretenait des liens étroits. Hitler décida donc de rencontrer le vice-président du conseil, dans un premier temps, pour s'assurer de l'état d'esprit des Français dans la perspective d'un éventuel soutien.

Le choix du lieu :

Les Allemands choisirent la ville de Montoire-sur-le-Loir* pour des raisons de logistique et de sécurité. La population ne fut ni consultée, ni informée. L'occupant recherchait:

- Une commune discrète, pour ne pas attirer l'attention et ainsi éviter un bombardement allié.

LE SAVIEZ-VOUS ?*
La ville de Montrichard également située dans le Loir-et-Cher, faisait partie des villes sélectionnées par les Allemands. Le site, moins propice pour assurer une complète sécurité, fut délaissé pour Montoire-sur-le Loir

- Une gare dont les lignes permettraient de relier rapidement l'axe Paris-Bordeaux: le train d'Hitler devait emprunter cette ligne en vue d'un entretien à Hendaye avec Franco le lendemain.

- Un tunnel à proximité de la gare pour protéger le train d'Hitler (l'Amerika) en cas d'attaque aérienne par les Alliés. Or, à quelques kilomètres de Montoire, dans le village de St Rimay, se trouve un tunnel qui s'avérait suffisamment long pour y abriter, si nécessaire, le convoi du Führer.

La gare montoirienne possédait, en outre, un autre avantage: excentrée, à l'écart des habitations, elle pouvait être aisément sécurisée. Pour toutes ces raisons, la ville de Montoire dût abriter les rencontres historiques désormais attachées à son nom.

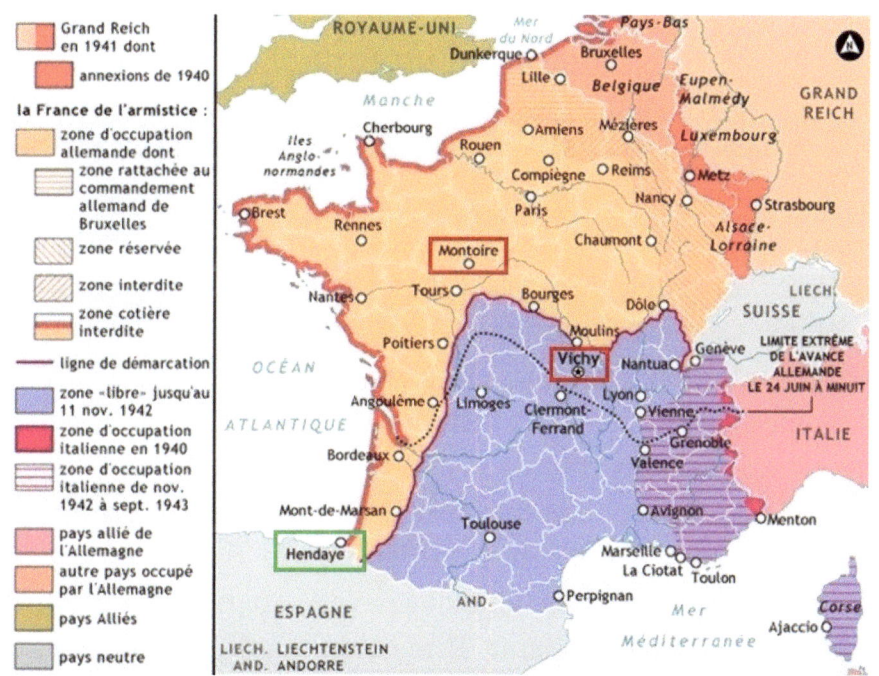

Annexe 8 : carte de France représentant les différentes zones suite à l'armistice de juin 1940 et les évolutions tout au long du conflit.

Histoire d'un tunnel :

D'une longueur de 509 mètres, le tunnel de Saint-Rimay (situé à trois kilomètres de Montoire-sur-le Loir) permettait d'abriter le train d'Hitler en cas d'attaque aérienne de la Royal Air Force. En 1940, il s'agissait d'un tunnel classique, creusé dans la colline. Ce n'est qu'en juillet 1942 qu'il fut fortifié et aménagé par l'organisation Todt, lorsque le site fut choisi pour y abriter le troisième quartier général d'Hitler en prévision d'une éventuelle attaque anglaise du côté de l'Atlantique, pour qu'il soit modifié.

C'est à cette époque que furent ajoutées les portes blindées que l'on peut encore voir à l'intérieur du tunnel et qui sont donc postérieures aux entrevues de 1940. En 1943, les Allemands quittaient Saint Rimay, laissant le site inachevé.

Annexe 9 : le tunnel de Saint-Rimay, entrée côté sud.
©Crédits photos Séverine FRAISSE

Des entrevues soigneusement préparées :

Les Montoiriens, ignorant tout des événements, assistèrent avec étonnement aux travaux de réparations et d'embellissement de la gare. Tandis que des fantassins repeignaient les bordures de quais, d'autres lavaient les murs et volets du bâtiment. Lorsque le fleuriste de l'avenue Gambetta apporta des plantes vertes, on pressentit la venue d'une personnalité importante. D'autant que la ville fut bientôt encombrée d'un trafic très inhabituel de véhicules militaires (camions, motocyclistes...)

La sécurité fut minutieusement installée. Aux carrefours, soldats en armes et automitrailleuses interdisaient l'accès de la gare. Des Messerschmitt (des avions de chasse) en mission de surveillance survolaient le bourg et ses alentours, et des unités de DCA (défenses antiaériennes) étaient disposées tout autour du site pour parer à une éventuelle attaque de la Royal Air Force. Dans le même temps, les militaires inspectaient avec grand soin les maisons proches de la gare. Et, du 21 au 24 octobre, à partir de 16h, les habitants furent consignés chez eux, portes et volets fermés, dans le noir, l'électricité étant coupée. Enfin, pour limiter tout risque d'attentat sur la personne d'Hitler, les Allemands prirent en otage le maire et sa famille. L'édile dut, en outre, réquisitionner la nourriture destinée aux soldats et du lait pour Hitler (le Führer ne buvait pas d'alcool) qu'il fut d'ailleurs contraint de goûter le premier. Rien ne fut donc laissé au hasard, sur terre comme dans les airs. Dans ce contexte très sécurisé eurent lieu les entrevues de Montoire.

L'entrevue du 22 octobre 1940 :

Pierre Laval menait, depuis juillet 1940, des discussions avec de hauts dignitaires allemands, Otto Abetz notamment dont la fonction d'ambassadeur du Reich à Paris en faisait l'interlocuteur principal du Régime de Vichy. C'est par son intermédiaire que Laval fut invité à rencontrer Von Ribbentrop, le ministre des Affaires Etrangères allemand. Le rendez-vous était fixé à l'ambassade allemande à Paris le mardi 22 octobre à 10h. Mais à son arrivée, Abetz faisait monter Laval dans sa voiture pour le conduire, les yeux bandés affirma-t-il plus tard, vers une destination inconnue : Montoire.

Vers 19h, quelques minutes après l'entrée en gare de l'Amerika, la voiture transportant Abetz et Laval s'arrêta devant le bâtiment. Les deux hommes traversèrent la gare jusqu'au quai où patientait Von Ribbentrop et Paul Schmidt. Tous alors montèrent dans le wagon-salon d'Hitler.

Si l'on en croit Paul-Otto Schmidt, Laval entama la conversation en remerciant le Führer de le recevoir, affirmant au préalable que, bien avant la guerre, il prônait déjà un rapprochement entre les deux pays et une réorganisation de l'Europe. Il était donc à même de poursuivre sur cette voie. D'après ce qu'il en dirait lui-même plus tard, il aurait convaincu Pétain que le salut de la France passait par une collaboration pleine et entière avec le Reich. Pour Hitler, le but de ce premier rendez-vous semble avoir été de poser les principaux axes d'un éventuel accord. La France ayant ouvert les hostilités avec l'Allemagne avant d'être vaincue, il lui revenait de payer les frais supportés par le régime nazi dans le conflit en cours. En dépit de ses vaines tentatives pour dissuader la Troisième République de lui faire la guerre, le Führer se disait prêt à envisager, de nouveau, une politique de collaboration franco-allemande.

Laval, quant à lui, souhaitait que, dans le cadre d'une telle collaboration, les intérêts du peuple français soient pris en compte et que fût donnée à la France, dans le nouvel ordre européen, la place qui lui revenait.

Pour le Führer, la collaboration entre les deux pays ne pouvait être possible qu'une fois la guerre terminée. Selon lui, la meilleure option pour Vichy était de signer la paix avec l'Allemagne, aux dépens de l'Angleterre, tout en respectant les intérêts du Reich en Europe et en Afrique. Il assurerait aussi une bonne place à la France sur ces deux continents. Hitler demanda alors à Laval de transmettre le contenu de cette discussion à Pétain (le vice-président du conseil avait pris des notes pendant la conversation, grâce à la traduction de Paul Schmidt) et aimerait avoir, un jour prochain, un entretien avec le chef de l'Etat français, si possible le 24 octobre après son rendez-vous avec Franco. Laval accepta donc l'invitation d'Hitler au nom de Pétain.

Suite à cette première entrevue, les deux principaux protagonistes se séparèrent. Tandis qu'Hitler se rendait à Hendaye pour y rencontrer Franco, Laval retournait à Vichy pour rendre compte à Pétain de son entretien avec le Chancelier.

Les objectifs cachés de cette entrevue :

Si l'on se fie aux écrits de Paul Schmidt, plusieurs points se dégagent de cet entretien.

En premier lieu, la nette affirmation de la suprématie nazie. Hitler insistait sur sa prétendue volonté d'instaurer une paix européenne. Seul, le Reich victorieux était en mesure d'en imposer les conditions.

D'autre part, la nécessité pour l'Allemagne de mettre fin à la guerre contre l'Angleterre. En effet, le Führer comptait rompre le pacte germano-soviétique en attaquant l'URSS sans plus attendre. Ses plans d'attaques étaient prêts mais contrariés par la résistance inattendue des Britanniques lors de la Bataille d'Angleterre.

Enfin, l'enjeu des colonies, en filigrane de l'entrevue, fait écho aux crises marocaines du début du XXème siècle : la crise de Tanger en 1905 et le coup d'Agadir en 1911. Le chancelier allemand cherchait à assouvir le lointain désir germanique de créer un empire colonial allemand.

Le 23 octobre 1940

Du côté de Montoire :

Après l'entrevue de la veille, le dispositif de sécurité fut progressivement enlevé et la ville retrouva une certaine sérénité. Toutefois, la DCA, les lignes téléphoniques... furent laissées en l'état. Les cheminots, consignés toute la journée sans nourriture, purent enfin rejoindre leur famille et se restaurer. La rumeur circula selon laquelle Hitler serait venu avec son train blindé à Montoire pour y rencontrer Pierre Laval.

Du côté de Vichy :

En ce 23 octobre, l'effervescence régnait dans la capitale politique de l'Etat Français où l'on prépara activement l'entretien qui devait avoir lieu le lendemain.

Arrivé à Vichy dans l'après-midi, Pierre Laval rendit immédiatement compte à Pétain de son entrevue de la veille avec le Führer, puis informa Du Moulin de Labarthète, le directeur du cabinet civil de Pétain. A 17h, le conseil des ministres se réunissait au cours duquel le vice-président du conseil informa les personnes présentes de son entretien : Laval annonça qu'Hitler souhaitait s'entretenir avec le chef de l'Etat Français. S'ensuivit un vif débat entre partisans et opposants d'un tel rendez-vous. Pétain, décidé à rencontrer Hitler, choisit, contre toute attente, d'emmener Paul Baudouin, ministre qui, pourtant, était opposé au projet. Laval s'y opposa farouchement : finalement, seuls Laval, Du Moulin de Labarthète et Ménétrel, médecin et secrétaire particulier de Pétain, accompagneraient Pétain. A 19h45, la réunion prit fin, après avoir abordé d'autres questions (marine, finances, œuvres scolaires...).

Quelques jours plus tard, l'opposition entre le vice-président du conseil et le ministre eut d'importantes répercussions: Baudouin démissionna. Laval put ainsi récupérer le portefeuille des Affaires Etrangères.

Du côté allemand :

Quelques heures après la fin de l'entrevue entre Laval et Hitler, les trains du Führer et de Von Ribbentrop, quittaient le pays de Ronsard à une heure d'intervalle et roulaient vers une nouvelle destination. Hitler avait prévu de rencontrer Franco, surnommé le Caudillo, le 23 octobre 1940. Le lieu du rendez-vous : Hendaye.

Tout comme Montoire, le choix de la ville fut réfléchi. Hendaye* constituait la dernière ville française avant la frontière espagnole. Au XIXe siècle, le chemin de fer lui permit de développer de nombreuses relations économiques et commerciales avec l'Espagne. La particularité de la gare d'Hendaye résidait dans la présence de voies adaptées à la fois aux trains français et aux trains ibériques. En effet, traumatisée par l'invasion de Napoléon Ier et par l'occupation française qui en découla, la péninsule

> *LE SAVIEZ-VOUS ?**
> *Hendaye a son équivalent en Espagne : il s'agit de la ville d'Irun.*

ibérique craignait de nouvelles attaques via le réseau ferré. C'est pourquoi les Espagnols adoptèrent un écartement de voie différent de celui utilisé par le reste de l'Europe. Seule ville française à disposer de ces doubles voies, Hendaye convenait donc parfaitement pour un rendez-vous entre Hitler et Franco, les deux hommes se déplaçant en train*.

Cet entretien devait aussi clarifier l'aide et le rôle des troupes espagnoles ainsi que d'éventuelles contreparties accordées à Franco. Hitler ne douta pas un instant que le Caudillo accèderait à sa requête. Il l'avait lui-même aidé pendant la guerre civile espagnole (par exemple avec l'envoi de la légion Condor, unité militaire composée de volontaires allemands pour combattre aux côtés des soldats de Franco). Mais, contre toute attente, Franco refusa et les négociations entre les deux pays n'aboutirent pas.

> *LE SAVIEZ-VOUS ?**
> *Franco arriva en retard à ce rendez-vous, un retard qui varie de dix minutes à deux heures, selon les sources.*

A l'issue de cette entrevue, rien ne fut décidé. Le comte Ciano, ministre des Affaires étrangères italien (qui en réalité n'avait pas assisté à l'entretien) prétendait qu'Hitler, furieux, aurait préféré qu'on «*lui arrachât une dent plutôt que de revivre un second Hendaye*». Quoiqu'il en soit, il est probable qu'Hitler repartit très contrarié vers Montoire.

L'entrevue du 24 octobre 1940

> **LE SAVIEZ-VOUS ?***
> *Sous l'Occupation, la France vivait sur deux rythmes distincts : la zone nord passa à l'heure allemande (+1h) alors que la zone sud conservait l'heure française. Ce qui explique pourquoi, d'un ouvrage à l'autre, les heures varient.*

Les mesures de sécurité du 22 octobre furent à nouveau mises en place (et même renforcées) pour cette entrevue.

Un peu avant 15h30*, le train d'Hitler entra en gare. Exceptionnellement, celui de Ribbentrop ne le précédait pas. Et pour cause : ce dernier tentait de négocier une dernière fois avec les Espagnols à Hendaye. Il prit l'avion à Bordeaux et arriva à temps à Montoire malgré les intempéries.

> **LE SAVIEZ-VOUS ?****
> *Après la Seconde Guerre mondiale, les Allemands décidèrent de ne conserver que le troisième couplet de leur hymne national officiel depuis la République de Weimar. Sous le IIIe Reich, les Nazis ne chantaient que le premier couplet, précédant l'hymne nazi. Le deuxième couplet, quant à lui, ne correspondait plus à l'Allemagne de l'époque.*
>
> *Côté français, la Marseillaise restait l'hymne officiel. Rapidement, les Allemands interdirent de la jouer en zone occupée. En zone sud, elle cohabita avec le chant vichyste "Maréchal nous voilà", hymne à la gloire de Pétain.*

Côté français, à 7h du matin, trois voitures quittèrent Vichy pour la préfecture de Tours, où Pétain déjeuna avec le préfet, Camille Vernet, tandis que Laval retrouvait Otto Abetz au Grand Hôtel de Tours. Ces derniers les rejoignirent vers 17h où l'ambassadeur allemand et le chef de l'Etat Français s'entretinrent pour la première fois dans l'un des salons de la préfecture. Vint l'heure du départ, direction Montoire. Il n'était pas tout à fait 19h lorsque les véhicules s'engagèrent dans l'avenue de la gare. Alignée sur trois rangs, la garde d'honneur accueillit Pétain, en effectuant un *«présentez-armes!»* impeccable. Un orchestre joua les hymnes nationaux : la Marseillaise et das Lied der Deutschen**. Von Ribbentrop salua Pétain au nom d'Hitler, avant de le conduire jusqu'à lui. Puis vint cette fameuse poignée de mains qui fit, en son temps et aujourd'hui encore, couler beaucoup d'encre.

Annexe 8 : carte postale de la poignée de mains.
La photo fut prise par l'un des trois photographes allemands présents ce jour-là. En 1941, une carte postale «anniversaire» fut éditée. Sur celle-ci, on y aperçoit les timbres français et nazi ainsi que les cachets correspondants aux deux pays.
Collection privée.

Montoire : une poignée de main dans l'Histoire :

Ce furent trois photographes allemands, présents ce jour-là, qui immortalisèrent la poignée de mains entre Hitler et Pétain.

Pour mieux comprendre ce geste, il convient de le replacer dans son contexte : la poignée de mains eut lieu lorsque les deux chefs d'Etat se trouvaient face à face pour la première fois. Fortement instrumentalisée par les organismes de propagande nazis puis vichystes, elle n'est, à cet instant précis, qu'un geste diplomatique ordinaire. Il ne s'agissait pas de sceller un accord puisque les négociations n'avaient pas encore eu lieu. Ce n'est donc là qu'un geste de cordialité, voire de simple politesse. Pétain ne pouvait guère refuser la main que lui tend Hitler[1], sous peine de le contrarier et de ne rien obtenir de sa part. En outre, les deux hommes se respectaient mutuellement en tant que combattants de la Grande Guerre. Pour Hitler, Pétain représentait le vainqueur de Verdun. Quant au chef de l'Etat Français, il admirait, en outre, la façon dont le Führer avait redressé l'Allemagne.

Cependant, la publication de cette photo provoqua de vives réactions. Elle choqua, à juste titre, une grande partie de la population française. En soixante-dix ans, il y eut trois conflits majeurs avec l'Allemagne : la défaite de 1871 avec la perte de l'Alsace-Lorraine restait en mémoire ; les souffrances de la Première Guerre mondiale étaient encore bien présentes, et l'Occupation nazie depuis juin 1940 était douloureuse pour nombre de Français.

En toute logique, les Français ne comprirent pas ce geste : comment le vainqueur de Verdun pouvait-il serrer la main de l'Occupant? La faute de Pétain fut de n'avoir pas pris la mesure du profond traumatisme d'une France désemparée par la défaite et meurtrie par trois fois avec l'Allemagne.

De ce fait, cette photo, mise en scène par la propagande nazie puis vichyste apparut comme le symbole de la collaboration, d'ailleurs entérinée une semaine plus tard par Pétain lors de son discours officiel à la radio.

Le 30 octobre 1940, il déclarait alors solennellement à tous les Français *«qu'il entrait dans la voie de la Collaboration»*, annonçant la politique future du gouvernement de Vichy et posant ainsi les premières bases de quatre années de collaboration avec le IIIeme Reich.

---

[1] On aperçoit, dans la vidéo officielle, la main d'Hitler se tendre, suivie par celle de Pétain allant de son képi à la main du Führer.

Après quoi, les différents protagonistes montèrent dans la voiture-salon d'Hitler: l'entrevue commença. Quelle a pu être la teneur des échanges entre Hitler et Pétain ce jeudi 24 octobre 1940 à Montoire?

Le chef de l'Etat Français commença la discussion en exposant la situation difficile dans laquelle il se trouvait. Opposé au conflit avant son déclenchement, il lui fallait payer les erreurs des gouvernements antérieurs. Par ailleurs, il souhaitait deux choses : collaborer avec l'Allemagne et la défaite de la perfide Albion. Le Führer sauta alors sur l'occasion pour demander à Pétain d'entrer en guerre contre la Grande-Bretagne.

Pétain refusa de déclarer la guerre aux Anglais tout en proposant une alternative : que la base de la collaboration entre les deux pays et la lutte contre les Britanniques se fassent sur le territoire africain via les colonies.

Devant cette dérobade du dirigeant français, Hitler se lança alors dans un long exposé sur la défaite inéluctable de l'Angleterre. La puissance de l'industrie militaire allemande, la quantité et la qualité des armes produites, jouaient en faveur du IIIe Reich. De plus, la Grande-Bretagne ne pouvait compter sur le soutien des Etats-Unis[1] dont la production d'armements était selon lui insuffisante tant en quantité qu'en qualité. Enfin, l'URSS ne pourrait aider les Britanniques : en août 1939 avait été signé le pacte germano-soviétique interdisant toute guerre entre les deux pays.

----

[1] Les Etats-Unis n'étaient pas encore entrés en guerre mais fournissaient des équipements militaires aux Britanniques. En 1941 est votée la loi prêt-bail.

La lutte contre les Anglais :

Devant son incapacité à vaincre rapidement l'Angleterre, Hitler décida de changer de stratégie. Un allié pourrait lui être précieux. Or, la France et la Grande-Bretagne s'opposaient vivement depuis plusieurs mois. Entre les problèmes franco-anglais rencontrés lors du rembarquement à Dunkerque, la destruction par les Britanniques d'une partie de la flotte française à Mers-el-Kébir et les combats de Dakar, la tension s'intensifiait de plus en plus entre les deux pays. Pour le Führer, la France apparaissait comme l'adversaire idéal contre l'Angleterre.

De plus, Pétain disposait d'une Marine moderne capable de rivaliser avec la Royal Navy, une flotte que ne pouvait utiliser librement Hitler, à cause de l'article 8 de l'armistice. On peut donc supposer que cette manœuvre visait à obtenir de Pétain l'usage de sa force navale, en contournant la clause 8 de l'armistice. Une armée de l'air performante (la Luftwaffe) et une flotte moderne (la Marine française) pourraient ensemble venir à bout de la résistance anglaise.

A l'issue de l'entrevue, Hitler aurait ainsi résumé l'entretien : Pétain acceptait le principe de collaboration qui serait défini ultérieurement dans un sens donné par le Reich et fixé au fur et à mesure.

Entre l'arrivée et le départ de Pétain, il s'écoula environ deux heures. En tenant compte du temps de traduction, on peut considérer que la durée réelle de la négociation ne fut guère que d'une heure, tout au plus.

En réalité, les interlocuteurs ne définirent pas vraiment la notion de collaboration. Pas de structure précise, pas de champ de compétence, pas de calendrier. Quels engagements pour les deux parties ? Autant de questions restées sans réponse au terme de l'entrevue.

En outre, il s'agissait d'un accord purement oral, informel, puisqu'aucun traité ne fut signé. Cette absence d'accord écrit illustre le paradoxe de la rencontre qui, en elle-même, n'eut rien de si capital, mais dont les répercussions allaient, elles, s'avérer considérables pour le devenir de la France.

PARTIE 3 :

MONTOIRE ET LA COLLABORATION

La Collaboration, une notion née à Montoire ?

Dans la mémoire collective, la collaboration est étroitement associée à Montoire. En réalité, une collaboration existait, dans une certaine mesure, depuis le 25 juin 1940 avec la mise en application de la convention d'armistice. En effet, une collaboration administrative et des autorités était déjà inscrite dans cette convention. L'article 3 stipulait que : «*Le Gouvernement français invitera immédiatement toutes les autorités et tous les services administratifs français du territoire occupé à se conformer aux réglementations des autorités militaires allemandes et à collaborer avec ces dernières d'une manière correcte*».
Rapidement, les Nazis mirent en place un organisme spécifique, le *Militärbefhlshaber in Frankreich* ou MBF (le Commandement militaire des forces d'occupation allemandes) chargé de contrôler la zone occupée. Car, si elle dépend toujours, sur le papier, de l'autorité française, le MBF veille sur l'administration du pays occupé. Dès l'automne 1940, Vichy prévoyait le premier statut des Juifs, finalement promulgué le 3 octobre. S'il allait totalement dans le sens de l'idéologie nazie, les Allemands souhaitaient affirmer leur contrôle dans la zone occupée. Le 27 septembre 1940, le MBF annonçait une ordonnance antisémite, qui entrait en vigueur le jour même : parmi d'autres mesures discriminantes, les Juifs devaient se faire recenser à la sous-préfecture.

Les mesures allemandes prévalaient donc sur les lois françaises.

De plus, le MBF vérifiait le bon fonctionnement de l'économie pour suffisamment participer à l'effort de guerre, assurait le maintien de l'ordre...

Parallèlement, une «collaboration» semblait déjà présente dans l'esprit du Régime de Vichy. Pétain prononçait un discours le 11 octobre 1940 dans lequel il exposait son point de vue sur la situation de la France. Selon lui, les gouvernements précédents avaient été asservis, menant ainsi le pays au chaos. Le chef de l'Etat Français en profitait pour détailler son programme: la Révolution Nationale. Cette "Révolution" devait tenir compte du nouvel ordre européen en construction, imposé par le Reich, et de la suprématie allemande. «*Il remettra en honneur le véritable nationalisme, (...) pour atteindre la collaboration internationale. Cette collaboration, la France est prête à la rechercher dans tous les domaines, avec tous ses voisins. Elle sait d'ailleurs que, quelle que soit la carte politique de l'Europe et du monde, le problème des rapports franco-allemands, si criminellement traité dans le passé, continuera de déterminer son avenir. Sans doute, l'Allemagne peut-elle, au lendemain de sa victoire sur nos armes, choisir entre une paix traditionnelle d'oppression et une paix toute nouvelle de collaboration*».

On remarque l'opposition des termes «oppression» et «collaboration», avec une définition nouvelle du mot «collaborer», probablement à l'origine des différentes interprétations de ces entrevues.

Montoire, un événement, différentes perceptions :

Si les entrevues de Montoire furent un événement marquant dans l'Histoire de France, il ne fut pas perçu de la même façon par Vichy ou à l'étranger.

Outre Manche, Churchill entra dans une colère noire, furieux par cette trahison : il voulut détruire Vichy mais son entourage réussit à l'en dissuader.

Pour Hitler, les entrevues de Montoire avaient montré qu'une entraide entre les deux pays pouvait être envisagée. Otto Abetz rapporta dans ses mémoires : « *Il (Hitler) hésitait cependant encore entre une coopération avec la France et une coopération avec l'Espagne. (...) Comme il n'y avait pas beaucoup à attendre de l'effort espagnol, une coopération avec la France parut plus utile* ». De plus, dans l'instruction n°18 du 12 novembre 1940, le Führer annonça aux chefs des trois armées : «*Le but de ma politique à l'égard de la France est de coopérer avec ce pays de la manière la plus efficace pour la conduite de la guerre future contre l'Angleterre. La France aura provisoirement à jouer le rôle d'une "puissance non belligérante" qui devra accepter, dans le domaine de sa souveraineté et en particulier dans ses colonies africaines, les mesures prises par l'Allemagne pour la conduite des opérations*». On note que cette politique de collaboration sera, d'après le Führer, à sens unique, c'est-à-dire dans un sens favorable pour l'Allemagne. En effet, Hitler choisit les mots "devra accepter" et "coopération". Or, dans son discours du 30 octobre, Pétain utilisa le mot "collaboration", deux termes aux définitions différentes.

Joachim von Ribbentrop, le ministre des Affaires Etrangères, partageait le point de vue d'Hitler. Le 4 novembre 1940, il informa Otto Abetz, l'ambassadeur allemand à Paris, des mesures à prendre: «*Il faut ouvrir les yeux du gouvernement français sur le fait que le gouvernement du Reich n'admet pas les conclusions unilatérales en faveur de la France, que Laval semble en tirer*».

Pour Laval, l'entretien devrait être décisif pour l'avenir du pays. Dans ses mémoires, Du Moulin de Labarthète rapportait que Laval parlait de Montoire comme «*d'un grand jour, un jour dont on parlera, longtemps, dans l'Histoire*».

Un jour dont on parle encore aujourd'hui...

Une mauvaise traduction du mot « collaborer»? :

Suite aux entrevues de Montoire et de la politique mise en place par le régime de Vichy, le mot «collaborer» perd son sens d'origine.

En français le terme «collaborer», issu du latin collaborare, signifie «travailler avec quelqu'un». En allemand, certains verbes ont ce que l'on appelle des particules séparables, qui, placées devant le verbe, en change le sens. Le verbe *«mit/arbeiten»* qui peut se traduire littéralement par «travailler avec» signifie en réalité «coopérer». Le mot germanique pour traduire «collaborer» est *«zusammen/arbeiten»* c'est-à-dire «travailler ensemble». Or, lorsqu'on lit le procès-verbal de Paul-Otto Schmidt, les mots «collaborer» et «coopérer» sont utilisés comme des synonymes.

La coopération induit des notions d'obligation et de hiérarchie n'impliquant donc qu'un choix restreint : coopérer pour tenter d'adoucir son sort ou subir. La collaboration induit, quant à elle, des notions de liberté et d'égalité. Les collaborateurs participent à part égal à un projet.

Hitler envisageait donc une coopération de la France, usant de son autorité de vainqueur sur le vaincu. Pétain, lui, souhaitait une collaboration où la France serait traitée comme une égale, lorsque, dans un futur proche, elle intègrerait le nouvel ordre européen construit par le Reich. Une erreur de traduction de Paul-Otto est envisageable. En détournant le sens premier du terme «collaborer», elle l'aurait affecté d'une connotation plus sombre.

Annexe : tryptique décrivant comment Vichy envisage la Collaboration. Affiche de propagande de 1941.
A gauche : le retour des prisonniers de guerre français et la reprise économique du pays tant espérée.
Au centre : la stigmatisation de la population juive jugée par Vichy comme responsable de l'actuel échec de sa politique.
A droite : les craintes d'un futur apocalyptique si la France ne se redresse pas, c'est-à-dire si le programme de la Révolution Nationale de Pétain échoue.
Collection privée.

Montoire et ses conséquences :

L'entrevue entre Pétain et Hitler eut donc d'importantes répercussions, immédiates ou à long terme, sur le cours de la Seconde Guerre mondiale.

Dès le lendemain, Churchill entra dans une vive colère en apprenant l'entretien qui venait d'avoir lieu dans la petite cité du Loir-et-Cher. Il aurait même envisagé de faire bombarder Vichy avant de se raviser. Finalement, il décida de rompre définitivement tout contact entre la Grande-Bretagne et la France de Pétain.

En réaction à l'entrevue de Montoire, de Gaulle lança, le 27 octobre, via le manifeste de Brazzaville, un nouvel appel à combattre l'Occupant : il créa le Conseil de Défense de l'Empire. «*Cédant à une panique inexcusable, des dirigeants de rencontre ont accepté et subissent la loi de l'ennemi. (...) Or, il n'existe plus de Gouvernement proprement français. En effet, l'organisme sis à Vichy et qui prétend porter ce nom est inconstitutionnel et soumis à l'envahisseur*». Par ce manifeste, il s'engageait donc à poursuivre le combat et condamnait l'entrevue de Montoire. Il considérait n'avoir plus désormais de comptes à rendre qu'à un gouvernement français élu, au lendemain de la victoire.

Dernière conséquence (et non des moindres) : devant les interrogations et l'incompréhension des Français qui apprenaient par la presse la nouvelle de l'entrevue, Pétain s'expliqua à la radio le 30 octobre. Dans son discours, il déclara : «*J'entre aujourd'hui dans la voie de la Collaboration. (...) Cette politique est la mienne. Les Ministres ne sont responsables que devant moi. C'est moi seul que l'Histoire jugera[1]*». La Collaboration naquit donc officiellement ce jour-là. Dans la même allocution, il insista aussi sur l'importance d'éviter toute hostilité envers l'occupant, notamment dans les colonies, désormais dissidentes selon Vichy. Il incita les Français à le rejoindre sur le chemin de la Collaboration en déclarant : «*Suivez-moi!*». Deux mots lourds de sens. Pétain appelait ainsi les Français à collaborer c'est-à-dire à apporter leur soutien à l'Allemagne. Pour certains, une évidence depuis l'armistice : l'envie de collaborer était déjà présente, mais, sans doute par peur d'éventuelles représailles, ses partisans restaient-ils discrets. Pour d'autres, une option inconcevable : la France ne pouvait être divisée et occupée. Il fallait donc lutter contre l'oppresseur. Ces Français décidèrent de se regrouper, avec toute la difficulté que cela représentait (la dénonciation était fréquente) et posant ainsi les bases de la future Résistance.

Quant à la majorité de la population, elle se plia aux directives du gouvernement de Vichy. La survie demeurait sa priorité. En effet, si le rationnement avait été instauré lors de la déclaration de la guerre, en 1939,

1- Discours original disponible sur le site de l'INA : www.ina.fr

un brutal durcissement des restrictions s'opéra dès octobre 1940. En parallèle, les Allemands se livraient à un pillage systématique des ressources du pays, réquisitionnant l'essentiel des matières premières, dont le charbon, principal moyen de chauffage. Or, l'hiver 40 s'annonçait particulièrement rigoureux et posait un problème de taille : celui de la survie de la population sans nourriture ni charbon. Se profilaient à l'horizon quatre longues années de difficultés quotidiennes, de privations, placées sous le signe des ersatz et du système D.

Suite aux Entrevues, Pétain renvoyait Laval le 13 décembre 1940. Plusieurs motifs à ce renvoi. D'une part, une réaction d'orgueil de Pétain qui n'aurait pas apprécié que Laval rencontrât avant lui le Chancelier du Reich, alors que lui-même en avait fait la demande bien plus tôt. De plus, Pétain jugerait trop collaborationniste la politique de Laval : son départ permettrait de temporiser. D'autant que furent rapidement ébruités les contacts secrets du vice-président du Conseil avec des dignitaires nazis.

Durant seize mois, Pétain maintint Laval loin du gouvernement, mais le 18 avril 1942, les Allemands exigèrent son retour. Pour Laval, ce fut la consécration : il allait désormais cumuler l'essentiel des pouvoirs : devenu chef du gouvernement, il obtint, de surcroît, trois ministères : ceux des Affaires Etrangères, de l'Intérieur et de l'Information.

Son retour entraîna une accélération des mesures collaborationnistes. Parmi les plus dures, on peut citer la Rafle du Vel d'Hiv (où, pour la première fois, les enfants furent raflés avec leurs parents), les lois sur le STO (le Service de Travail Obligatoire qui contraignait les jeunes Français à partir travailler en Allemagne) ou encore la création de la Milice française, chargée de traquer les Résistants, plongeant la France dans une véritable guerre civile.

POSTFACE

Si intrinsèquement les entrevues de Montoire ont un faible impact au niveau international, elles ont considérablement bouleversé la vie des Français, et plus particulièrement celles des Montoiriens.

En 1940, la ville de Montoire s'est vue jetée l'opprobre pour avoir été le sombre théâtre d'une rencontre au sommet. Aujourd'hui encore, à l'instar de Vichy, elle en porte les stigmates. La présence d'un musée en ses murs a fait de la gare un lieu difficile à mettre en valeur. N'assurant plus les visites du musée, je n'ai plus la possibilité de faire découvrir ce pan de notre histoire. D'où cet ouvrage, qui je l'espère répondra à un maximum de questions, à défaut de le faire lors de mes visites commentées.

Plus que jamais, le devoir de mémoire doit se faire : expliquer et comprendre les faits de notre Histoire, les replacer dans leur contexte, afin que plus jamais la France ne vive de terribles heures.

CHRONOLOGIE

1939

23 août : signature du pacte germano-soviétique. L'Allemagne nazie et l'URSS promettent de ne pas se déclarer la guerre.
1er septembre : invasion de la Pologne par les troupes germaniques.
3 septembre : déclaration de guerre de la France et de l'Angleterre à l'Allemagne.

1940

10 mai : début de la campagne de France.
28 mai-4 juin : rembarquement de Dunkerque
16 juin : démission de Paul Reynaud, Pétain est appelé pour le remplacer.
17 juin : discours de Pétain qui appelle à cesser le combat et annonce la demande d'armistice.
18 juin : discours de de Gaulle qui appelle à la résistance. Le discours est diffusé sur les ondes de la BBC.
22 juin : signature de l'armistice à Rethondes dans la clairière de Compiègne.
4 juillet : événements de Mers-el-Kébir. Suite à une série de malentendus, les Britanniques attaquent la marine française et détruisent un cinquième de la flotte.
10 juillet : vote des pleins pouvoirs à Pétain par les assemblées.
8 août : début de la bataille d'Angleterre, opération Seelöwe.
4 octobre : promulgation du premier statut des juifs en France.
22 octobre : première entrevue de Montoire entre Hitler et Laval.
23 octobre : entrevue d'Hendaye entre Hitler et Franco.
24 octobre : seconde entrevue de Montoire entre Hitler, Pétain et Laval (entre autres).
27 octobre : manifeste de Brazzaville : de Gaulle renouvelle son engagement à poursuivre le combat.

30 octobre : discours radiodiffusé de Pétain qui annonce la Collaboration aux Français.
13 décembre : renvoi de Laval par Pétain.

1941
2 juin : promulgation du second statut des Juifs par le régime de Vichy.
18 juillet : création de la Légion des Volontaires Français pour combattre sous l'uniforme allemand.

1942
18 avril : retour de Laval au pouvoir : il devient le chef du gouvernement.
22 juin : instauration de la Relève qui préfigure le futur S.T.O.
16/17 juillet : rafle du Vel d'hiv : pour la première fois, les enfants sont raflés avec leurs parents.

1943
30 janvier : création de la Milice française.
4 février : lois fondant officiellement le S.T.O (Service du Travail Obligatoire)

1944
11 août : libération de la ville de Montoire par les Américains.

1945
8 mai : capitulation de l'Allemagne et fin de la guerre en Europe.
2 septembre : fin de la Seconde Guerre mondiale

BIBLIOGRAPHIE

Liste non exhaustive.

Ouvrages généraux :

• Sous la direction de Jacques LEGRAND, *Chronique de la Seconde Guerre Mondiale*, Editions Chroniques, Paris, 1990.

• Patrice GELINET, Philippe FAVERJON, *Journal des Français dans la Guerre (1939-1945)*, Editions Acropole, 2010.

• Marc FERRO, *Questions sur la Seconde Guerre Mondiale*, Casterman, 1993.

• Jean-Pierre AZEMA, *1940 l'Année Noire*, Editions Fayard, 2010.

• Herbert R. LOTTMAN, *Pétain*, Editions du Seuil, 1984.

• Henri AMOUROUX, *Pour en finir avec Vichy, T.1 les oublis de lu mémoire 1940*, Editions Robert Laffont, 1997.

• Jean-Pierre AZEMA, Olivier WIEVIORKA, *Vichy 1940-1944*, Editions Perrin, Ligugé-Poitier, septembre 1997.

• Paul-Otto SCHMIDT, *Sur la scène internationale avec Hitler*, éditions Perrin, Paris, Juin 2014.

Ouvrages spécifiques :

• Collectif, *Histoire et traditions populaires du bas Vendômois*, 1991.

• François Delpla, *Montoire les premiers jours de la collaboration*, Albin Michel, 1996.

• Carnet d'un montoirien.

• Cahiers du Docteur Gamard.

BIBLIOGRAPHIE

REMERCIEMENTS :

A ma mère pour ses conseils et les premières relectures.

A Patrice, pour sa présence à mes côtés et sans qui ce livre n'aurait probablement jamais vu le jour.

A René, pour son travail de correcteur et ses nombreux conseils d'écriture.

A Guy Moyer, maire de Montoire de 2014 à 2020, pour m'avoir fait confiance toutes ses années et pour avoir rédigé la préface de ce livre.

A André Michel, à titre posthume, adjoint à la culture, au tourisme et au patrimoine, grâce à qui j'en suis là aujourd'hui.

TABLE DES MATIERES

Préface..7

PARTIE 1 : Montoire: une ville, une gare, une guerre......9
A la découverte de Montoire-sur-le Loir............................11
    Montoire, petite ville du Vendômois............................11
    Bref historique de la gare de Montoire.........................12
D'une guerre mondiale à l'autre...18
    La Première Guerre mondiale......................................18
    Pétain, de Verdun à Vichy..19
    Pierre Laval, un homme aux multiples facettes..........21
    Hitler, le caporal devenu dictateur..............................22
La Seconde Guerre mondiale..25

PARTIE 2 : Montoire entre dans l'Histoire.....................31
Du choix aux préparatifs : les prémices d'une singulière rencontre 33
    Se rencontrer oui, mais pour quoi?..............................35
    Le choix du lieu..35
    Des entrevues soigneusement préparées.....................40
L'entrevue du 22 octobre 1940...41
Le 23 octobre 1940..45
    Du côté de Montoire..45
    Du côté de Vichy..45
    Du côté allemand...46
L'entrevue du 24 octobre 1940...48

PARTIE 3 : MONTOIRE ET LA COLLABORATION...........55
La Collaboration, une notion née à Montoire?................................57
Montoire, un événement, différentes perceptions.........................59
Montoire et ses conséquences...63

Postface...67

Chronologie..69

Bibliographie..71

Remerciements..73